AF338775

AVANT

LE COMBAT

PAR

AMÉDÉE DE MARGERIE

DOYEN DE LA FACULTÉ CATHOLIQUE DES LETTRES DE LILLE.

PARIS

MAURICE TARDIEU, ÉDITEUR

35, RUE DE GRENELLE, 35.

—

1881

AVANT LE COMBAT

La vie politique offre souvent des situations obscures et confuses où les esprits les plus clairvoyants et les plus résolus se sentent réduits à tâtonner dans la nuit. De quel côté est le droit ? Même avec une conscience parfaitement impartiale et loyale, on ne parvient pas à le découvrir. De quel côté serait le salut, même provisoire ? Il n'y a si fin politique, ni si rompu aux affaires, ni si renommé pour la sûreté de ses prévisions, qui ose le dire ou seulement le conjecturer. Il semble qu'on n'ait que le choix des fautes, et que toutes les fautes soient également mortelles. Quelque parti qu'on prenne, il semble qu'on jouera à croix ou pile la conduite à tenir, la prospérité et la vie même de la patrie. Pour un véritable homme d'État, pour un bon citoyen, on ne saurait imaginer de plus dur supplice. Etre dans la nécessité d'agir et dans l'impossibilité de bien agir, avoir la volonté de faire son devoir et se dire qu'on ne pourra pas le faire, être résolu à tout pour sauver son pays et penser que, suivant toute apparence, on le perdra quoi qu'on tente, c'est vraiment le martyre de la conscience et du patriotisme.

Mais il y a aussi, grâce à Dieu, des situations simples et lumineuses qui suppriment, pour ainsi dire, le problème par l'évidence de la solution. Non seulement on n'y est plus enfermé dans l'affreux choix des fautes; l'embarrassante délibération entre plusieurs conduites défendables n'y a même plus sa place. Non seulement la solution unique et nécessaire peut être trouvée ; elle vient au-devant de ceux qui ne la cherchent pas, elle s'impose à eux malgré leurs efforts pour la fuir. Non seulement sa vérité théorique apparaît avec une clarté telle qu'on ne peut la contester qu'en la défigurant ; son urgence pratique est plus manifeste que tout. Il semble que la Providence se plaise à accumuler les faits qui commandent à tout un peuple de l'accepter sous peine de mort, à écarter ceux qui lui faisaient obstacle et lui créaient des contrefaçons et des concurrences. C'est une grande joie pour ceux qui, depuis longtemps, en avaient fait l'étoile de leur vie politique, de constater que tous les nuages qui la voilaient se sont dissipés et qu'elle brille, seule et pure, dans un ciel qui, sans elle, serait absolument noir. Et c'en est une plus grande encore pour ceux qui longtemps ont cherché, de la voir soudain rayonner au-dessus de leur tête et de distinguer, tout près d'eux, à sa lumière, le rivage et le port.

La situation que je viens d'esquisser est la nôtre. Nous tenons la solution unique et nécessaire. Tout ce qui s'est fait depuis bientôt huit ans ajoute non pas à sa vérité, qui ne change point avec les accidents politiques, mais à son urgence. Les coups du hasard, c'est-à-dire de la Providence, ont fait disparaître de la scène politique tout ce qui pouvait retenir loin d'elle quelques esprits honnêtes. A la lettre, il n'y a qu'elle. L'alternative : *revivre par la Royauté ou périr par la Révolution*, se pose devant la France avec une clarté suprême. Et, malgré tout ce que nous savons de la puissance aveuglante de l'esprit de parti, c'est un douloureux mystère que cette vérité qui nous presse, et nous enveloppe, et nous somme de lui rendre hommage, rencontre encore un seul incrédule.

Je voudrais, à la veille du jour où va se rouvrir la boîte

aux surprises du suffrage universel, — non pas, hélas !
d'un suffrage universel *honnêtement appliqué*, — démontrer une fois de plus cette évidence. Je voudrais aider ceux
qui ne voient pas encore clair dans leur propre pensée à
reconnaître qu'ils sont au fond avec nous et ne peuvent
être ailleurs. Je voudrais leur montrer que, l'ayant reconnu intérieurement, c'est leur devoir de le proclamer,
et que de leur attitude va dépendre en grande partie la
reconstitution d'une France conservatrice et chrétienne,
vaincue peut-être encore aux élections de demain, victorieuse sans aucun doute aux élections d'après-demain.

I

Et d'abord la République, en France, est jugée. Elle
l'est d'une façon si accablante par ses fruits déjà mûrs, et
par ceux qui mûrissent chaque jour, et par ses *fleurs du
mal* qui demain seront des fruits, et par ses germes, et par
ses racines, qu'on a vraiment quelque honte d'expliquer
par le menu ce qui désormais a la valeur d'un axiome.

Mais j'ai promis de démontrer l'évidence.

Parlons donc d'abord du personnel de la République, des
gens qui nous gouvernent, — pour appeler les choses par
leur nom, des sectaires qui nous oppriment et dont nous
sentons le pied sur notre gorge. On a dit spirituellement de
leurs devanciers de 1848 qu'il y en avait deux espèces : les
capables de rien et les capables de tout. Aujourd'hui il
n'y en a qu'une, et par un cumul qui est tout à fait
dans les habitudes républicaines, les capables de rien
sont aussi les capables de tout. Capables de rien pour
le bien, capables de tout pour le mal. Capables de
rien pour gouverner décemment, pour se faire prendre au
sérieux et pour donner au pays l'assurance du lendemain.
Capables de rien pour aider l'agriculture et l'industrie
françaises à sortir heureusement de la crise redoutable
où elles sont engagées. Capables de rien pour faire quelqu

figure en Europe, et pour rendre à la France, au bout de dix ans, quelque chose du rang et du prestige que la vieille royauté française lui avait si promptement reconquis au sortir des désastres du premier Empire. Mais capables de tout pour le mal, jusqu'à violer les domiciles et bâillonner la justice. Capables de tout pour faire la guerre à tout ce que respectent les gouvernements honnêtes ou simplement raisonnables. Capables de tout pour courir sus au cléricalisme, suivant la consigne donnée par leur chef, qui est à peu près notre maître et n'a pas renoncé à le devenir tout à fait. Capables de tout, en un mot, pour arracher à la France, par ruse ou par force, ce qui lui reste de son antique foi chrétienne.

Ils ne savent que cette besogne-là ; mais comme ils la savent bien ! Ils ont inventorié, avec une exactitude à laquelle rien n'échappe, tous les canaux par où la vie religieuse circule dans l'âme de la nation, afin de les tarir ; toutes les ouvertures par où elle respire l'atmosphère chrétienne, afin de les boucher ; toutes les fenêtres qui lui donnent du jour du côté du ciel, afin de les murer ; toutes les portes dérobées par où elle pourrait tenter de leur échapper, afin d'y poser des sentinelles. Ils ont tout prévu, tout, excepté leur propre chute et la révolution du mépris qui les balayera tôt ou tard. Oui, excepté cela, ils ont tout prévu. L'investissement, désormais complet, se resserre encore tous les jours ; et déjà ils ont transformé le blocus en assaut, et nous les avons vus expulser de leur domicile plusieurs milliers de citoyens au nom de la liberté, et jeter à bas de leurs chaires plusieurs centaines de savants professeurs au nom de la science et du progrès des lumières.

Nous n'en sommes encore qu'aux premières scènes de la pièce. C'est *l'exposition*, destinée, en tout drame, à faire connaître le caractère des principaux personnages. Elle suffirait pour annoncer ce qui va suivre. Visiblement, nous avons affaire à des gens qui se moquent du droit et qui, si une loi les gêne, fabriquent lestement, pour l'appliquer, un décret qui la viole avec une sérénité impudente. Mais

ce qui va suivre est déjà sorti des coulisses. Leur résolution
d'en finir avec le droit paternel, avec toute liberté religieuse, avec toute éducation chrétienne, leur parti pris de
chasser Dieu de partout sont choses désormais officielles
et qu'on peut lire à livre ouvert dans toute leur conduite
administrative, comme dans toutes les lois votées par
leur Chambre des députés avec une ardeur fanati-
que.

Or, la malfaisante domination de ces «capables de tout»
n'est pas, comprenons-le bien, un accident, mais la conséquence nécessaire de l'établissement républicain. La République, depuis qu'elle s'appartient à elle-même, opère sans
relâche, sur son propre personnel, un travail de sélection
et d'épuration qui en élimine peu à peu tous les éléments...
je ne sais comment dire cela en langue parlementaire... tous
les éléments présentables. Elle agit, en cela, suivant ses affinités et son essence; quand elle s'aperçoit que les hommes
qu'elle a pris à l'essai se permettent de lui donner des
conseils et de vouloir la modérer, elle reconnaît qu'ils n'ont
point son esprit, et elle les brise après avoir bénéficié un
moment de leur renommée, meilleure que la sienne. Elle
s'adresse à d'autres qu'elle sait résolus ou résignés à
franchir le pas devant lequel reculaient les premiers.
Au bout de cette nouvelle étape, ceux-ci sont usés à leur
tour; ils s'arrêtent devant un nouveau pas à faire, devant
quelque iniquité plus criante dont la responsabilité les
effraye. Alors entrent en scène ou passent du second rang
au premier ceux qui n'ont pas de tels scrupules; et ce
troisième relai trottine jusqu'au jour où l'on trouvera qu'il
manque de zèle et où un attelage frais viendra le remplacer
pour gravir quelque côte plus forte que les précédentes.
La République prend ainsi pour ministres des républicains
de plus en plus purs, fils de plus en plus semblables à leur
mère, exécuteurs de plus en plus empressés de ses hautes
œuvres et de ses basses. C'est la loi de son progrès. Après
M. Dufaure, qui la rêvait conservatrice, M. de Freycinet,
qui la voulait oppressive avec mesure; après M. de Freycinet, M. Ferry, qui la déclare «un gouvernement de libres

penseurs»; après M. Ferry, M. P. Bert, sans doute, qui la veut athée.

C'est pourquoi il n'y a rien de plus chimérique que de proposer à la République un retour vers les idées raisonnables et les hommes modérés qu'elle a dédaigneusement mis de côté comme infidèles à son esprit et à son programme. Si vous lui offrez tout de suite le citoyen Trinquet et la Commune, vous ne lui proposez que de presser le pas un peu plus qu'elle ne veut; mais si vous lui offrez quelque héritier de M. Dufaure, vous lui proposez de changer de nature et de faire, par bonté pour les conservateurs qu'elle ne peut souffrir, ce que le Jourdain a fait par miracle. Par son essence, par son passé, par ses visées, par le point d'appui qu'elle est obligée de chercher dans les pires instincts de la pire démagogie, elle est oppressive, antichrétienne, antisociale. Entre elle et nous il y a non pas une dissidence politique comme il s'en rencontre entre deux partis qui sont d'accord sur les bases nécessaires, mais une opposition absolue et totale. Elle veut détruire tout ce que nous voulons conserver; elle ne peut vivre qu'en supprimant tout ce qui est, à nos yeux, condition d'existence pour notre pays. Elle marche d'un pas joyeux à ces destructions, parce que c'est son humeur; voulût-elle s'arrêter, elle ne le peut pas, parce que c'est sa fatalité.

« Il n'y a rien à attendre de la République, a dit éloquemment M. Kolb Bernard dans un récent écrit. Elle a porté contre elle sa propre condamnation. A peine née, elle n'a travaillé qu'à se suicider, choisissant un genre de mort qui ne pardonne pas. Elle a pratiqué tous les vices les plus funestes à sa vitalité. Elle a menti à toutes ses promesses. Elle s'est posée au sein du pays comme un parti hostile. Elle n'est pas venue pour édifier, mais pour détruire. En morale, elle est la haine contre Dieu et contre l'Eglise; en politique, elle s'appelle la démolition. Elle aura été surtout, au milieu de concessions faites à la licence, l'implacable ennemie de la liberté vraie. Dictature et anarchie, tel est, en deux mots, le régime qu'elle a fait à la France (1).»

1. *Dogme et politique*, pp. 46-47.

La République est donc le mal dont la France souffre et dont il faut à tout prix la guérir si on ne veut pas qu'elle en meure. La combattre par tous les moyens légaux, organiser contre cette force antisociale la lutte de toutes les forces sociales, tel est le premier et nécessaire article de tout programme d'union conservatrice qui ne voudra pas être une duperie ou une trahison.

Je ne sais si quelques-uns caressent encore l'idée de faire tout le contraire, l'idée de donner pour base à la résistance des conservateurs, et en particulier des catholiques, «le respect des institutions existantes». S'il y en a, ce sont des médecins qui, appelés auprès d'un homme dangereusement malade, donneraient pour point de départ à leur consultation l'engagement de respecter le mal dont il meurt et dont ils savent qu'il meurt. Il n'y a pas autre chose à leur répondre. ·

Peut-être, cependant, insistera-t-on sur l'inconvénient d'affaiblir l'armée conservatrice en éloignant d'elle les hommes estimables, quelques-uns éminents, qui combattent comme nous la détestable politique du gouvernement actuel, mais qui, conservant des convictions ou des préférences républicaines, rêvent encore une république modérée et même chrétienne. Car, nous dit-on, il y a de tels hommes.

Oui, il y en a, quoique la chose soit invraisemblable. J'en connais trois ou quatre pour ma part; et l'on en compte çà et là quelques-uns *nantes in gurgite vasto*. Mais, précisément parce qu'on les compte, ils ne comptent pas. L'appoint qu'ils apportent est, quant au nombre, un infiniment petit, une quantité négligeable dans les calculs électoraux. Il faut regretter pour eux qu'ils ne soient pas dans nos rangs, parce que c'est toujours grand dommage de voir des gens de bien et de mérite s'inutiliser eux-mêmes en s'obstinant à la poursuite d'une chimère; mais arrêter la marche de l'armée pour ne pas laisser en arrière ces dissidents qui n'atteignent pas même l'effectif d'une compagnie, mais renoncer, parce qu'ils ne nous suivront pas, à occuper les positions d'où dépend la victoire, mais rendre les

armes à l'ennemi parce qu'ils ont quelque scrupule à le
combattre avec nous sur le seul terrain où la lutte ne soit
pas stérile, ce serait à peu près se laisser mourir pour ne
pas s'affaiblir. Leur alliance, quoiqu'elle nous soit pré-
cieuse et quoique nous soyons très décidés à la maintenir
dans l'ordre des questions religieuses, serait vraiment
payée trop cher à ce prix dans l'ordre politique.

Leur nombre, d'ailleurs, diminue tous les jours, grâce
aux involontaires prédications de la République elle-même.
Ce que M. Constans avec ses préfets et ses serruriers, ce
que M. Cazot avec son tribunal des conflits, ce que M. Ferry
avec ses conseils académiques, ce que M. Farre avec ses
révocations et ses nominations, ce que le gouvernement
tout entier avec ses projets de loi, ce que la Chambre avec
son langage et sa tenue ont opéré de conversions royalistes
dépasse en vérité nos espérances. Le petit groupe des
républicains conservateurs et catholiques voit, à chaque
nouvelle équipée gouvernementale, ses rangs s'éclaircir
et sent sa foi chanceler; ceux qui restent ne sont retenus
que par je ne sais quel point d'honneur; la vue de leur
isolement et la conscience de leur impuissance les plongent
dans une tristesse très voisine du découragement; ils ont
honte de leurs associés politiques; ils sentent qu'avoir son
siège à gauche quand on a presque toutes ses idées à
droite, n'est pas une situation qui puisse durer et que le
pays puisse comprendre. Républicains par amour pour les
libertés publiques, ils constatent par une expérience quotidienne que la République est la confiscation de ces libertés,
et ils ne voient pas encore que la royauté en serait la
garantie. Le jour où ils le verront, ils seront pleinement
avec nous. Nous devons travailler à hâter ce jour, et nous
y pouvons réussir; mais nous n'y réussirons pas en leur
laissant croire que nous partageons leurs illusions à un
degré quelconque et que nous voulons bien les aider à
tenter leur voyage dans la lune, je veux dire à nettoyer,
apprivoiser et convertir l'inconvertissable République.
Nous y réussirons, au contraire, en leur faisant voir et
toucher ce fait que, pour toutes les raisons indiquées plus

haut, la France conservatrice et chrétienne ne veut pas, et ne peut pas vouloir, et ne voudra jamais de la République ; qu'en conséquence, ils n'ont que le choix ou de se retirer de la vie politique pour garder dans leur ermitage une fidélité platonique à leur idole, ou de se joindre à nous pour demander à la monarchie cet accord de l'ordre et de la liberté qu'ils ont vainement cherché ailleurs et qu'elle seule peut donner.

« Soit, nous diront ceux de nos amis qui prêchent l'union conservatrice anonyme et la politique sans politique ; soit, ne vous arrêtez point aux répugnances d'une fraction parlementaire qui tiendrait presque sur le célèbre canapé des doctrinaires. Mais ce n'est pas d'eux qu'il s'agit ; il s'agit de ces foules populaires, urbaines ou rurales, que l'idée républicaine a grisées et qui vous tourneront le dos si elles vous soupçonnent de vouloir la combattre. Vous ne pouvez espérer d'elles une majorité ou, du moins, une de ces minorités qui promettent de grandir qu'à condition de les traiter comme ces enfants dont on ne heurte pas de front les caprices. Dites-leur tout ce que vous voudrez contre la Commune et contre les municipalités radicales, contre les décrocheurs de crucifix et les crocheteurs de serrures, contre les lois de M. Ferry et l'ambition de M. Gambetta ; mais, de grâce, pas un mot contre la République où vous êtes perdus. »

Voilà l'avertissement, et voici la réponse.

D'abord l'ivresse républicaine est loin d'être aussi générale et aussi enthousiaste qu'on veut bien le dire dans les masses profondes du suffrage universel. Si elle est réelle dans la plupart des grandes villes, où les populations ouvrières sont fanatisées et asservies par la franc-maçonnerie et les sociétés secrètes, ce qu'on prend pour elle n'est, dans l'ensemble de la France, qu'un sentiment conservateur faussé et retourné, une répugnance pour tout changement qui produit une crise, une ignorance des méfaits de la République, qui ne se sont point encore étendus très visiblement jusqu'aux campagnes. Cela commence cependant ; et, dans un bon nombre de départements, nous sommes déjà mieux écoutés et compris qu'il y a cinq ans, lorsque nous disons d'elle tout le bien que nous en pensons. C'est une éducation à faire ; et, quoique la République y contribue largement, il faut, pour qu'elle se fasse et s'achève en temps utile, que nous y mettions aussi la main. Que si nous avons eu le tort de n'y point assez travailler jusqu'ici, est-ce une raison pour ne point nous y mettre aujourd'hui et pour compter qu'elle se fera toute seule? La vérité est qu'il y a, au moment actuel, un ensemble de préparations et de germes qui rendent la lutte possible dans le présent et promettent de la rendre féconde pour l'avenir. Il faudra bien l'engager tôt ou tard; pourquoi pas dès maintenant : *Si aliquando, cur non modo?*

En second lieu, on vit dans le monde des abstractions si on se figure que la question de la République peut être esquivée par le silence. Vous êtes libre, sans doute, de n'en rien dire dans vos circulaires électorales et de n'y point sortir des questions sociales et religieuses. Mais vous n'êtes point candidat à un cercle catholique d'ouvriers ou à une conférence de Saint-Vincent de Paul, vous êtes candidat à une assemblée politique dont la plus haute attribution est de statuer sur le maintien ou l'abolition d'une constitution républicaine. Vos électeurs vous demanderont si vous êtes pour la République ou contre elle ; leur droit de vous interroger est si manifeste que vous ne pouvez éviter de répondre: et la question est si claire qu'une réponse équivoque, fût-elle honnête, ne sera pas possible. Direz-vous que vous n'entendez pas vous placer sur ce terrain? ils vous répliqueront qu'ils vous y placent. Que vous respectez, quelles que puissent être vos préférences personnelles, les lois et institutions établies? ils vous répliqueront qu'en sollicitant d'eux le mandat législatif, vous demandez le pouvoir de changer ces institutions et ces lois. Enfin garderez-vous le silence? ils comprendront que la République a en vous un ennemi auquel manque seulement la franchise. Déjà toute la presse républicaine, déjà tous les agents électoraux de votre adversaire, déjà tous les orateurs de loge, de club et de cabaret le disent et le redisent chaque matin et chaque soir ; déjà vous êtes signalé comme un monarchiste caché, en même temps qu'un clérical avoué à ces foules dont vous voudriez ménager l'humeur républicaine. Votre refus de vous expliquer sera pour elles le plus complet des aveux, et en même temps il augmentera ce que vous appelez leur ivresse, en leur montrant la République si enracinée dans le cœur de la nation, si définitive, si consacrée, si divine, que ses adversaires eux-mêmes n'osent plus y toucher. Vous n'avez qu'une chance de les gagner, c'est de déclarer que, vous aussi, vous voulez la République, que vous l'aimez, que vous combattrez ceux qui lui veulent du mal, qu'en toute rencontre vous parlerez et voterez pour elle. Cela, vous ne le ferez pas, car vous ne voulez pas mentir, et vous savez d'ailleurs que vous ne seriez pas cru et que vous vous déshonoreriez en pure perte. Mais si vous ne le faites pas, tenez pour certain que vous ne gagnerez pas une voix aux petites finesses diplomatiques qu'on vous conseille ; et comptez que vous en gagnerez plus d'une, dans un pays qui s'appelle la France et n'a pas cessé d'honorer la franchise, à vous montrer tel que vous êtes.

Sans doute, vous ne direz point à vos électeurs : Je passerai ma vie de député à conspirer contre la République et à faire des motions royalistes ; je n'aurai pas d'autre souci et je ne traiterai pas d'autre question ; je serai l'homme de cette seule idée ; je laisserai tout le reste, intérêts économiques, intérêts scolaires, intérêts nationaux, vos intérêts locaux eux-mêmes, aller comme il pourra, et le plus mal possible, afin que ce soit plus tôt fini. Vous n'êtes point un chevalier errant en quête d'aventures ; vous êtes un homme politique qui calcule les possibilités et choisit les occasions ; et vous êtes avant tout un bon citoyen résolu à combattre toute mesure funeste et à soutenir toute mesure utile à son pays. Mais vous leur direz et vous leur montrerez que la République est la cause de leurs maux, de ceux qu'ils voient et de ceux qu'ils ne voient pas ; qu'avec elle ils ne peuvent avoir de sécurité ni pour leurs foyers, ni pour leurs autels, ni pour leurs libertés, ni pour leurs intérêts.

Vous leur annoncerez que votre tâche quotidienne sera
d'arrêter ses entreprises malfaisantes ou de protester
contre elles. Vous marquerez d'avance votre place parlementaire parmi les hommes qui travaillent à délivrer le
pays de son joug. Et vous leur déclarerez que, le moment
venu de procéder constitutionnellement à la révision de la
Constitution, vous serez contre le gouvernement qui perd
la France pour le seul gouvernement qui puisse la sauver.

II

Le fait de la République, loin d'être un obstacle à la
constitution d'un grand parti de conservation et de gouvernement sur la base de l'union monarchique, favorise
donc cette union en la montrant chaque jour plus nécessaire et plus urgente. Soit que la République devienne dictatoriale avec M. Gambetta ou qu'elle continue d'être ce
que nous la voyons, « un je ne sais quoi qui n'a de nom
dans aucune langue », pour tout conservateur et tout catholique qui a des yeux, elle est l'*ennemi*. Contre elle,
l'union est faite, à moins qu'il ne nous plaise de renoncer
au combat et de périr par elle.

Mais l'union contre la République est une union *pour
renverser*. Si notre union n'est que cela, elle sera la négation, c'est-à-dire l'impuissance. Ceux qui disent : Renver-
sons d'abord la République, nous nous entendrons ensuite
sur ce qu'il faut mettre à sa place, ceux-là peuvent compter sur deux choses : l'une, que d'abord ils ne la renverse-
ront pas ; l'autre, que, l'eussent-ils renversée par impossible, ils ne s'entendront pas ensuite pour la remplacer.
Ceci est encore l'évidence. Une coalition peut faire tomber
un ministère avant que le futur cabinet soit désigné, parce
qu'on sait bien d'avance que la liste sera encore une liste
de coalition où chacun aura sa part. Mais qu'on puisse

faire naître dans un Parlement ou dans un pays un mouvement vainqueur qui soit seulement contre quelque chose,
qui vise exclusivement à la chute, non d'un ministère,
mais d'une constitution, d'une forme et d'un principe de
gouvernement, sans laisser pressentir aucune construction
au delà de ces destructions, personne ne peut le croire
pour tout de bon. Et marcher à une telle bataille sans un
objectif défini, ce n'est point une stratégie, mais une folie
pure, — si ce n'est qu'on se résigne d'avance à remplacer le
définitif qui tombe, soit par un provisoire qui sera encore
la République, soit par la dictature du premier venu. Dans
le premier cas, on change pour ne pas changer, et vraiment ce n'est pas la peine. Dans le second, c'est aussi le
provisoire, comme est toute dictature, et c'est encore la
Révolution, c'est-à-dire la force sans droit, par conséquent
sans lendemain. Et ce n'est pas non plus la peine.

Mais ici l'union rencontre l'apparence d'un obstacle : le
parti de l'Empire. Nous l'avons avec nous pour éliminer la
République; nous l'aurons, dit-on, contre nous pour la
remplacer.

Je discuterai avec une entière franchise cette unique
objection; et je prie qu'on me permette de m'exprimer li-
brement sur la cause, en même temps que respectueuse-
ment et sympathiquement à l'égard des hommes.

Le parti de l'Empire n'existe plus, parce qu'il ne peut
plus exister : *Nomen habet quod vivat, et mortuus est.*

Il existait avec une réalité puissante quand j'ai écrit
l'*Urgence*. Il avait un chef incontesté, trop jeune encore
pour qu'on pût le juger, mais s'annonçant déjà d'une façon
encourageante pour les conservateurs que leur passé ou
leurs idées rattachaient à l'établissement impérial. Il n'en
était pas moins, en présence de la royauté, un fait révolutionnaire en présence du droit; il gardait la responsabilité de la triple invasion, des attentats piémontais contre
l'Eglise, du désordre moral qu'il avait laissé grandir sous
la surface de l'ordre matériel; il n'avait pu se maintenir
que par la dictature; et, quand il avait fait, tardivement, une
part à la liberté, les sages avaient pressenti qu'il ne pour-

rait pas vivre longtemps avec elle. Je fis valoir contre lui, avec une énergie que je n'ai point à désavouer, ces raisons et bien d'autres encore. Mais je ne songeai point à contester sa force ni ses chances ; et je comprenais qu'il était malaisé de détacher de lui le groupe considérable des honnêtes gens qui l'avaient loyalement servi, faisant de leur mieux pour le maintenir dans un voie conservatrice, déplorant ses affinités révolutionnaires et le couvrant de leur respectabilité personnelle.

La situation est aujourd'hui tout autre. Le représentant officiel de la dynastie impériale compte parmi les pires ennemis des idées conservatrices et chrétiennes. On connaît son passé, ses dîners et ses discours. L'Empire, tel qu'il le conçoit et tel qu'il le referait, est celui qui revint, en 1815, au cri *à bas les prêtres!* (1) Au même degré que M. Gambetta, il est la Révolution ; la domination de l'un ne serait ni plus ni moins dictatoriale, démagogique et antichrétienne que celle de l'autre.

Dans ces conditions nouvelles, la séparation devait se faire entre les deux éléments, plutôt juxtaposés que réunis, dont se composait le parti de l'Empire L'élément révolutionnaire, celui qui n'avait cessé de pousser Napoléon III dans la voie des alliances italienne et prussienne à l'extérieur, de la persécution religieuse à l'intérieur, devait acclamer le chef nouveau qui, depuis longtemps, personnifiait ses passions et ses principes. L'élément conservateur et chrétien devait s'éloigner de lui avec une invincible répugnance. Et c'est bien ainsi que les choses se sont passées sous nos yeux.

On m'accordera bien que nous n'avons point à tenir compte du premier de ces deux groupes, sinon dans le sens où l'on doit se préoccuper de ses adversaires, pour tâcher de les vaincre. Seul, le second nous importe, parce

---

1. On n'a pas oublié le bruyant discours où il osa évoquer ce souvenir devant le Sénat stupéfait, le scandale et le tumulte qui suivirent, et le curieux *erratum* qui, séance tenante, substitua *traîtres* à *prêtres.*

qu'il est avec nous dans la défense des intérêts religieux et sociaux.

Or, ce second groupe n'a point d'empereur. Il ne veut, à aucun prix, de celui que l'hérédité dynastique lui impose ; il ne peut pas s'en faire un en sautant une génération. A la lettre, il est décapité. Il lui est impossible de dire ce qu'il veut, parce que, comme parti, il ne saurait rien vouloir. L'Empire peut figurer dans ses regrets, il ne peut pas figurer dans ses programmes. Il ne le peut pas, parce que les bons citoyens dont il se compose ne commettront pas contre la patrie, pressée de vivre, ce crime d'ajourner leur effort pour la sauver au temps inconnu, et très lointain peut-être, où le Napoléon d'aujourd'hui aura disparu. Alors qu'il s'agit du salut du pays, ils ne peuvent dire à ce prince inacceptable : « Eh bien ! monseigneur, j'attendrai. » La France n'a pas le temps d'attendre.

C'est pourquoi je m'adresse à tous ceux dont se compose encore ce groupe d'où se sont détachés déjà, pour venir à nous, tant d'hommes dévoués au bien public. Je les interroge sur les raisons qui les ont attachés à l'Empire, et je constate qu'aucune d'elles n'apporte à leur entrée dans la grande union monarchique le plus léger obstacle.

Si ce sont des sympathies personnelles, nul, parmi nous, n'aurait le mauvais goût et le mauvais cœur de leur en demander le sacrifice. Mais le culte des morts ne supprime point le devoir envers les vivants, et la fidélité des souvenirs n'exige pas qu'ils refusent leur concours à une cause qui, désormais, est seule debout en face des ennemis de tout ce qu'ils respectent.

S'ils aimaient l'Empire à titre de gouvernement fort, d'exercice résolu du pouvoir, de réaction énergique contre les passions et les entreprises révolutionnaires, qu'ils sachent bien que la royauté légitime n'entend point être un mannequin ou une marionnette. Elle est par essence l'autorité, c'est-à-dire le droit servi par la force. Et si elle ne croit pas à la force toute seule, elle ne croit pas

non plus qu'avoir le droit pour soi dispense d'être fort.
Parce qu'elle est sûre d'elle-même et de son principe, elle
n'a pas besoin d'aller, dans l'exercice du pouvoir, jusqu'à
ces extrémités qui touchent de bien près à la tyrannie,
enlèvent toute dignité à la soumission et mettent parfois
le droit du côté de la résistance. Mais, par la même raison, elle n'aura pas les défaillances auxquelles sont sujets
les gouvernements qui doutent d'eux-mêmes, et les complaisances par lesquelles ils achètent la permission de
vivre, défaillances et complaisances qui ont plus d'une
fois attristé les plus fidèles amis du second Empire. — Il
est bien permis d'ajouter que ces caractères de la royauté
légitime se retrouvent dans les pensées et la conduite
même du roi avec une grandeur et une fermeté incompa-
rables. Gardien des libertés vraies qui sont le commun
patrimoine de la nation et de la monarchie, il est au
même titre le gardien du pouvoir, de sa dignité, de son
indépendance, de ses libres initiatives et, si je puis dire, de
ses coudées franches pour le bien. Ce sont là, à ses yeux,
les conséquences directes du principe qu'il représente, et
ce sont les conditions indispensables pour qu'il puisse
faire à la France le bien qu'elle attend de lui. Ses résolu-
tions, à cet égard, sont aussi arrêtées que ses convictions;
et les preuves qu'il en a données sont dans toutes les mé-
moires.

Peut-être l'Empire leur plaisait-il à titre de compromis
habile entre les traditions de l'ancien régime et les impa-
tiences ou les ombrages de la démocratie moderne; né
pour museler l'esprit révolutionnaire et ayant donné
maintes preuves de son aptitude à cette besogne, l'Empire
était cependant issu de la Révolution, trempé et retrempé
dans le flot baptismal du suffrage populaire et de la
« souveraineté nationale »; et ce double caractère, diffi-
cile sans doute à justifier devant la logique pure, faisait
sa force, parce qu'il s'adaptait à merveille au double ins-
tinct égalitaire et autoritaire, semi-révolutionnaire et
semi-conservateur de notre nation. Il me semble que je
vais bien jusqu'au fond et que je dis tout le secret des

préférences et des répugnances auxquelles obéissent beaucoup de partisans de l'Empire. Qu'ils me permettent à mon tour d'examiner ce qu'elles pèsent devant le bon sens et devant le cri de détresse d'une nation qui ne veut pas périr.

Tout d'abord, ne serait-il pas de temps de laisser à ceux de qui elle est digne l'objection de l'ancien régime ? Dans les cabarets et dans la presse radicale elle fait bonne figure ; l'excès de la mauvaise foi et l'excès de l'ignorance s'y ajustent à merveille l'un à l'autre. Mais vous qui avez lu l'histoire, vous qui avez suivi le constant effort de la royauté pour plier sous le régime de la loi commune les prétentions et les privilèges de la noblesse, vous qui avez vu la Restauration accepter avec une loyauté jamais démentie les conditions économiques et sociales de ce qu'on appelle la société moderne, pourquoi vous donner le tort de paraître touchés par des craintes que vous savez chimériques ? Croyez-vous pour tout de bon au retour de la dîme, et que les électeurs ruraux devront battre l'eau des fossés pour empêcher les grenouilles de troubler le sommeil du seigneur ? Avez-vous vu que la royauté restaurée ait demandé aux ministres qui la servaient et aux orateurs qui la défendaient dans le Parlement ce que Louis XIV ne demanda pas à Colbert, des parchemins ? Et dans toutes les déclarations de celui qui n'est pas seulement le roi de France, mais aussi le plus honnête homme de France, y a-t-il une ligne qui puisse servir de prétexte à ces puériles alarmes que les menteurs entretiennent chez les dupes, un mot qui, au contraire, ne les dissipe par le plus énergique et le plus décisif démenti ?

Et, ce fantôme écarté, montrez ce qui nous divise encore. Je vous assure qu'il n'y a rien, rien, vous dis-je, ce qui s'appelle rien.

Des « principes de 89 » vous ne retenez que l'égalité, entendue dans le sens même où je la vois proclamée par la Charte de 1814, affirmée et garantie par le roi, acceptée sans réserve par tous les royalistes, y compris ceux qui auraient, ce semble, quelque intérêt traditionnel à la repousser. Quant à la souveraineté nationale, en vérité, nous y croyons autant que vous, et vous pas plus que nous.

Comme vous, et comme toute la grande théologie catholique de saint Thomas à Suarez, nous croyons et nous savons que si une nation, par quelque concours fortuit de circonstances, se trouvait sans gouvernement de droit ni de fait, le pouvoir qui lui manque et dont elle ne peut se passer ne pourrait être légitimement constitué que par sa volonté, son vote, son consentement manifesté sous une forme quelconque. Il dépendrait d'elle de le donner à un roi, à une assemblée, à qui elle voudrait et dans les conditions qu'elle voudrait, pourvu que ces conditions ne violassent pas le droit naturel et ne rendissent pas impossible l'exercice de la puissance sociale.

Mais pas plus que nous vous ne croyez que le suffrage populaire soit la source du droit et de la justice (1). Pas plus que nous vous ne croyez qu'un peuple garde le droit de renverser *ad libitum* son gouvernement légitimement établi, qu'il soit libre de tout engagement à l'égard de ses chefs, et que ceux-ci soient tenus, au premier signe qu'il leur fera, de plier bagage plus vite que nos serviteurs, à qui nous avons coutume de donner leurs huit jours. Non, vous ne croyez pas à cette sottise énorme, qui est la Révolution en permanence et la négation même de toute stabilité je ne dis pas héréditaire, ou viagère, on décennale, ou annuelle, je dis de la stabilité d'une heure. Vous croyez, au contraire, que si une nation a le droit de s'engager, elle a le devoir de tenir ses engagements ; vous croyez que la génération présente a le droit de stipuler pour les générations futures et de se constituer en monarchie héréditaire ; vous croyez qu'un gouvernement ainsi

---

1. *L'autorité n'est rien autre chose que la somme du nombre et des forces matérielles* (60ᵉ proposition condamnée par le *Syllabus*). — Le présent travail était déjà en partie imprimé lorsqu'a paru la magnifique Encyclique du 20 juin, *Diuturnum illud*, où Sa Sainteté Léon XIII a de nouveau exposé la doctrine catholique et condamné la doctrine révolutionnaire sur cette question de l'origine et des fondements du pouvoir politique.

établi ne reçoit pas seulement une puissance de fait, mais une puissance de droit dont la source est en Dieu, principe de tout droit ; vous croyez qu'il est *légitime*, et que toute tentative pour le renverser est une révolte à réprimer et à punir, non un exercice, à quoi il faille se soumettre, de la souveraineté nationale. Vous êtes légitimiste.

Vous l'êtes si bien que vous aviez fondé l'Empire sur ces bases. Vous l'aviez fait héréditaire, pur non-sens si vous eussiez admis que la nation se réservait à chaque moment la faculté de renverser le gouvernement qu'elle venait de proclamer perpétuel. Mais vous vous gardiez bien de l'admettre ; vous prétendiez fonder une dynastie, c'est-à-dire une série de souverains se succédant en vertu d'un droit. Vous entendiez que la nation, qui ne meurt pas, prêtait à l'empereur, qui ne meurt pas, un serment de fidélité qui ne se retire pas ; et vous estimiez avec raison que cette perpétuité était tout entière au profit de la nation elle-même, garantie par là contre ses propres caprices et contre les crises qu'amène l'incessante remise en question du pouvoir. L'hérédité est cela ou elle n'est rien ; elle veut dire *légitimité* ou ne veut rien dire. Votre légitimité n'était pas la vraie, parce que la place n'était pas à prendre ; vous n'y aviez vous-même qu'une foi chancelante, et vous en donnez la preuve en refusant de reconnaître pour chef l'homme que la légitimité impériale vous impose ; mais votre principe est précisément le nôtre, et vous ne ferez, en revenant loyalement à la royauté, que rentrer dans la vérité de votre propre doctrine.

Je n'ose pas espérer que cette courte démonstration convertira tout ce qui reste d'anciens amis de l'Empire en dehors de la faction jéromiste, c'est-à-dire révolutionnaire ; mais j'ose assurer qu'il n'y sera pas répondu, et qu'elle ne laisse debout aucune difficulté qui puisse arrêter une conscience uniquement préoccupée de la vérité et du devoir. Ce qu'elle ne détruit pas, ce sont les partis pris, les respects humains, les faux points d'honneur qu'on met à ne point se dédire et à ne point se rallier, les mauvaises humeurs personnelles, qui sait ? peut-être les petits calculs électoraux. Là sont les vrais obstacles, affaiblis sans doute par l'action contraire des beaux exemples qui se donnent tous les jours, mais pas encore vaincus entièrement. Il n'est jamais très noble de céder à de telles influences et de ne point aller, par répugnance pour les sacrifices, jusqu'au bout de sa conscience et de sa raison. Mais ce qui est peut-être excusable quand les temps sont paisibles et le péril lointain ne l'est plus dans les circonstances extrêmes où le salut du pays dépend de la conduite de chaque citoyen, et où l'on n'aime vraiment son pays qu'à la condition de lui tout sacrifier, tout, et particulièrement les petites préoccupations, les petites attaches, les petits intérêts d'esprit propre ou de l'esprit de parti. C'est au patriotisme à achever l'œuvre de la réflexion, et c'est en son nom que nous avons le droit de faire aux hommes de cœur que nous venons de prêcher un énergique, suprême et suppliant appel.

Rien, d'ailleurs, ne saurait seconder plus efficacement cet appel que l'attitude résolue des royalistes de toute date et l'adhésion donnée tout haut à l'union monarchique par tous ceux que des engagements de parti ne retiennent pas loin d'elle. Les hommes qui ont servi l'Empire à titre de gouvernement régulier et conservateur sentent, plus qu'ils ne l'avouent et plus qu'ils ne se l'avouent, que c'est bien fini de lui ; ils flottent et tâtonnent comme un navire sans boussole et une armée sans chef ; ils sont à qui saura leur donner l'une et l'autre. Dans cette situation, ce qui les retient encore loin de nous ce n'est point une divergence de principes ; et ce ne sont pas non plus, je parle des bons citoyens, des considérations personnelles, bonnes à mettre sous les pieds quand il s'agit du salut de la patrie. Non, ce qui les retient, c'est qu'ils doutent de nous, non pas de notre honnêteté et de notre patriotisme auxquels ils ont plus d'une fois rendu hommage, mais de notre vigueur et de notre apptitude à être un parti de gouvernement et d'action. Nous les aurons conquis en un instant si nous savons les guérir de ce scepticisme. « Persuadons-nous bien, disais-je il y a neuf mois, dans un autre travail, que, pour faire naître et propager dans le pays le mouvement sauveur, il n'y a pas deux procédés, mais un seul : le commencer nous-mêmes. Quand on marche d'un pas résolu en disant où on va et en montrant qu'on va au port, on est suivi ; chacun de ceux qui se déclarent amène avec lui tout un groupe, escouade s'il n'est qu'un simple volontaire, compagnie ou régiment s'il est un chef. C'est ainsi que le mouvement devient élan, et l'élan entraînement. Et quand on en est là, il suffit d'une circonstance favorable pour déterminer la victoire. De ces circonstances, Dieu suscite toujours quelqu'une devant ceux qui ont su faire tout leur devoir ; et la Révolution, si avisés que soient ses chefs, ne peut manquer de nous les offrir (1). »

III

Il n'y a, sur le terrain politique, qu'une seule union effective et féconde, une seule qui puisse rallier toutes les forces conservatrices du pays en leur donnant un principe et un but, l'union contre la République et pour la Monarchie ; contre la République en qui s'incarnent tous nos maux et tous nos périls, pour la Monarchie que les événements laissent seule debout, dégagée des compétitions qui lui faisaient obstacle, ouverte à tous les dévouements et à tous les concours, portant en soi, avec toutes les garanties de son glorieux passé, les promesses de notre avenir.

Mais est-il nécessaire de se placer sur le terrain politique ? Le terrain catholique n'est-il pas plus large ? N'a-t-il pas l'avantage de nous offrir une union déjà faite et d'écarter jusqu'à ces apparences de difficultés qu'on oppose, à tort sans doute, mais enfin qu'on oppose à l'union monarchique ? ne pourrions-nous pas nous y tenir ?

Déjà, l'année dernière quand les perspectives électorales étaient encore lointaines, ces questions nous étaient posées ; déjà l'on commençait, discrètement, un effort pour

1. *La Solution*, p. 58.

isoler les questions politiques des questions religieuses, et pour nous exhorter, au nom de la suprême importance de celles-ci, à ajourner, sinon à enterrer celles-là. Nous répondîmes que cette séparation était tout à la fois funeste et impossible. « Que les catholiques, disions-nous, n'aient point à se préoccuper des questions politiques, qu'il doive leur être indifférent de vivre sous un pouvoir révolutionnaïre ou sous un pouvoir chrétien, sous une constitution qui fasse la guerre à Dieu ou sous une constitution qui lui rende hommage, sous un régime qui reconnaisse et consacre leurs droits ou sous un régime qui les nie et les opprime, cela est absolument faux et chimérique dans le sens propre du mot *chimère* (1). » Nous montrâmes qu'en pratiquant la neutralité politique les catholiques manqueraient à leur devoir comme citoyens car il n'est permis à personne de se désintéresser des affaires de son pays, et qu'ils y manqueraient comme catholiques, parce qu'ils sont tenus, comme tels, de rechercher de quel côté est le droit, afin de lui rendre hommage, de quel côté est l'intérêt de l'Eglise et des âmes, afin de le servir. Et nous mîmes en lumière l'étroite solidarité qui, sans faire descendre l'Eglise dans les querelles de parti, rattache désormais en France la cause catholique, comme toute cause conservatrice, à la cause royaliste.

La campagne dont nous signalions les débuts et les périls a été poursuivie, depuis lors, avec une persistance qui n'a point été sans scandale et une habileté qui n'a point été sans intrigue. La thèse au profit de laquelle elle était entreprise a trouvé dans la presse certains appuis et certains apôtres qui n'ont pas beaucoup ajouté à son prestige; elle s'est parée, en France et hors de France, de noms illustres et de hautes autorités qui, enquête faite, ne lui avaient point donné le droit de se placer sous leur patronage. Aussi le trouble qu'elle avait réussi un moment à jeter dans beaucoup de consciences délicates n'a pas été de longue durée; et nous avons eu la joie de constater qu'elle

1. *La Solution*, p. 22.

aboutissait finalement à faire éclater, en plus d'une occasion solennelle, le sentiment profond de cette solidarité qu'elle prétendait ou voiler ou détruire.

Mais il ne nous suffit pas que ce sentiment soit profond, il le faut universel. Et cela encore n'est point assez, il le faut agissant.

Que tous les catholiques méditent donc, dans l'intime de leur conscience, sur leurs devoirs envers leurs deux patries de la terre et du ciel ; c'est d'eux surtout qu'on est sûr d'être écouté quand on parle de devoir et de conscience ; c'est d'eux qu'on peut attendre ce plein détachement de soi qui donne à la pensée toute sa lumière, au sacrifice toute sa générosité, à l'action tout son désintéressement et toute sa vigueur. Et voici ce que leur dira leur raison chrétienne, éclairée par les principes de leur foi et la rectitude de leur cœur.

Elle leur dira : La République en France, c'est la Révolution ; elle l'est, elle l'a toujours été, elle veut l'être, elle l'est par tradition, par principe et par nécessité. La Révolution, c'est l'antichristianisme ; menée à ses dernières conséquences qui trouvent déjà, dans le gouvernement lui-même, des logiciens officiels pour les tirer et des administrateurs pour les appliquer, c'est l'athéisme. La Révolution, c'est la négation de l'autorité : négation de principe, puisque l'autorité humaine est un fleuve qui se tarit quand on coupe ses communications avec sa source divine, négation de fait, puisqu'elle proclame et pratique le droit permanent à l'insurrection et la perpétuelle révoca_ bilité du pouvoir. Par ces caractères, qui lui sont essentiels, elle est deux fois meurtrière des patries où elle s'installe ; car on tue deux fois la patrie quand on lui retire Dieu et quand on y détruit l'autorité sociale.

Elle leur dira : La Royauté en France est l'antithèse de la Révolution. Elle est le droit, comme la Révolution est la négation du droit par ses principes et l'attentat contre le droit par ses origines historiques. Or, si les nations souffrent d'un mal incurable quand le droit n'est point dans les fondements de leur édifice et quand les pouvoirs qui ont pour mission de faire respecter la justice en sont eux-mêmes la violation vivante, chaque conscience chrétienne est hors de l'ordre soit quand elle place hors du droit sa fidélité et son obéissance, soit quand elle néglige de rechercher en qui le droit a son siège et son représentant légitime. Et si cette conscience appartient à un citoyen investi d'une puissance politique, de cette puissance du suffrage qui aujourd'hui appartient à tous, le devoir s'impose plus strictement à elle de contribuer, par l'exercice de sa puissance, à tenir ou à remettre le fait d'accord avec le droit. Elle est donc tenue, en France, à l'heure actuelle, de se demander très sérieusement où est le droit politique et quel est le gouvernement légitime. La question ainsi posée est résolue d'avance et assure un adhérent et un défenseur de plus à la cause du droit, de la légitimité, de la royauté nationale, même chose sous trois mots.

Elle leur dira : L'Eglise, même chez les peuples où l'unité religieuse a été brisée et où l'Evangile a cessé d'être la première des lois sociales, l'Eglise a besoin et a droit d'être libre, besoin et droit aussi d'attendre des pouvoirs publics le large et sympathique concours qui lui permettra d'accomplir en paix sa mission de salut des âmes et de salut de la société. S'il est dans son esprit de sagesse divine et dans ses traditions de condescendance maternelle de chercher un *mode de vivre* même avec les gouvernements tracassiers et malveillants, même avec les gouvernements oppresseurs ; si, réservant toujours le droit avec une fermeté inflexible, elle ne rompt officiellement qu'avec ceux qui rompent les premiers avec elle, dans chaque nation c'est le devoir de ses fils, qui sont aussi des citoyens, de combattre énergiquement ces pouvoirs qui l'entravent dans son œuvre et qui, la traitant aujourd'hui en suspecte, annoncent l'intention de la traiter demain en ennemie. Et si leur hostilité est décidément implacable, si elle n'est pas chez eux accident, mais principe, si elle ne tient pas aux hommes, mais au système, à la base et à l'essence même du gouvernement ; si, d'autre part, chaque citoyen a le droit légal et constitutionnel de travailler à détruire ce système détestable, l'exercice de ce droit fait partie de ses obligations envers Dieu et envers l'Eglise, envers son pays où le système tarit la sève chrétienne, envers l'âme menacée de tous ses concitoyens, envers l'âme de ses fils, que l'ennemi lui dispute pour la perdre. Qu'il défende pied à pied tous ces chers intérêts par des résistances particulières, qu'il élève l'école chrétienne libre en face de l'école athée officielle, qu'il combatte par la presse catholique les infamies de la presse radicale, qu'il rouvre, s'il le peut, des collèges à côté de ceux qu'on ferme en violation des lois, ou qu'il se saigne pour que son fils reçoive hors de France une éducation qui lui laisse son Dieu et sa vertu, cela est à merveille. Mais qu'il sache bien que ce n'est pas assez, que l'attaque va plus vite que sa défense, et qu'à chaque issue nouvelle qu'il découvrira pour échapper à l'oppression, une sentinelle, comme nous le disions plus haut, sera posée pour lui barrer le passage. Qu'il comprenne qu'en vain s'opposera-t-il à chaque entreprise de l'ennemi tant que l'ennemi demeurera investi de la toute-puissance sociale. Et qu'il conclue que, sans ralentir la lutte sur les points particuliers où elle est engagée, l'œuvre principale est de chasser l'ennemi de la place.

Elle leur dira enfin qu'après avoir frappé à toutes les portes, imaginé tous les expédients, essayé de tous les régimes, on ne trouve qu'un seul gouvernement disposé à jouer franc jeu avec l'Eglise, à lui reconnaître loyalement sa liberté, à lui donner une protection qui ne se fasse point payer en oppression. Elle leur dira que ce gouvernement est le seul qui, fondé sur la base divine du droit, n'ait pas peur de la loi divine qui consacre tous les droits. Elle leur dira, mais il ne sera pas besoin de le leur dire, que ce gouvernement s'appelle la Royauté chrétienne.

Et quand elle leur aura dit tout cela, quand elle aura livré, si je puis dire, toutes ces évidences à leur amour pour la France et à leur amour pour l'Eglise, elle n'ajoutera rien et n'aura qu'à les laisser faire.

IV

Ce que je viens de dire aux catholiques, pourquoi ne le dirai-je pas à ceux même des conservateurs que n'éclaire pas le plein jour de la vérité religieuse? Protestants de toute communion, israélites, incroyants même ou pensant l'être, ils savent tous que l'Eglise catholique est, en France, la grande force conservatrice, la grande gardienne du droit, la grande protectrice de l'autorité contre l'esprit révolutionnaire, de la liberté contre l'esprit de tyrannie. M. Guizot, à cet égard, ne pensait pas autrement que M. Chesnelong; et il n'y a, dans nos dissidences religieuses, rien qui puisse empêcher l'accord politique de se faire sur la base de cette Royauté nationale et chrétienne qui ne menace la liberté et les convictions de personne (1).

Donc, conservateurs de toute nuance et de toute dénomination religieuse, recueillez-vous aussi en vous-mêmes, et demandez-vous si, à l'heure présente, *la conservation,* comme vous dites un peu vaguement, est possible autrement qu'avec et par la royauté. Vous avez essayé, avec toutes les cartes dans votre jeu, de la République conservatrice; elle a glissé, par une pente très rapide, dans la

1. Nos lecteurs se souviennent des vœux ardents et publics de Mgr Pie pour que l'Assemblée de 1871 proclamât, par un grand acte de foi nationale, la catholicité de la France. Il expliqua, dans une éloquente adjuration à la France, comment ce grand acte se conciliait sans difficulté avec le respect de toutes les dissidences religieuses. « Quel obstacle, ô peuple de France, pourrait survenir à cette profession ouverte de ta foi? *Est-ce que, l'ancienne et regrettable unité des croyances ayant été rompue et les dissidences religieuses étant en possession de garanties déjà plus que séculaires, le caractère public de ta foi serait exclusif des libertés reconnues, des avantages attribués à des frères séparés? Tu sais bien que rien de semblable ne t'est demandé.* » — Le grand évêque parlait au nom de l'Eglise. Il eût pu parler aussi au nom de la Royauté qui, d'ailleurs, a parlé elle-même de façon à ne laisser de doute dans aucun esprit ni d'alarme dans aucune conscience.

République radicale. Vous ne pouvez même plus recommencer l'expérience ; cette issue vous est décidément fermée, à moins que vous n'acceptiez pour chefs du parti de la conservation ou M. Ferry pour vous défendre de M. Gambetta, ou M. Gambetta pour vous défendre de M. Rochefort. Il ne manquait pas de prophètes, hier encore, pour annoncer que les choses se passeraient ainsi et que le « pays conservateur » allait se jeter dans les bras du dictateur occulte, devenu dictateur officiel. Solution invraisemblable et absurde, mais solution inévitable sous un nom ou sous un autre, au refus de celle qu'imposent les traditions, les besoins et l'honneur même de la France. Si vous ne voulez pas du Roi, vous aurez un maître.

Méditez cette alternative, vous n'en avez pas d'autre. C'est notre honte qu'elle se pose et que nous en soyons là. Mais c'est aussi notre heureuse fortune que le mauvais génie ait des incarnations si repoussantes, et que la cause du mal soit, comme la cause du bien, représentée d'une manière digne d'elle.

Parmi vous, quelques-uns sont plus soucieux de l'autorité, quelques-uns de la liberté ; mais tous, vous voulez l'une et l'autre. Avec la République, vous n'avez et n'aurez ni l'une ni l'autre ; vous n'avez et n'aurez que la violence, légale ou illégale, faisant taire la justice, et la liberté du mal étouffant la liberté du bien. Avec la Monarchie, vous aurez l'autorité, car *elle est* l'autorité. Et vous aurez la liberté, c'est-à-dire l'exercice non entravé de toutes les activités légitimes : car, en protégeant leurs droits, la royauté appliquera son principe, comme la République applique le sien en les confisquant.

Avec la Monarchie, vous aurez l'honnêteté dans tous les sens de ce vieux mot, l'honnêteté qui, de toutes les choses humaines, est peut-être celle dont nous avons le plus pressant besoin. Avec la République, vous avez... autre chose.

Avec la Monarchie, vous aurez la France réhabilitée en Europe et reprenant, avec une autorité pacifique, les grandes allures de la politique de la Restauration. Avec la

République, vous avez, en attendant quelque aventure, les isolements qui nous humilient ou les patronages qui, plus encore, nous font monter le rouge au front.

Avec la Royauté, vous aurez le respect de la famille, du droit paternel, de l'âme des enfants, de l'âme du peuple. Avec la République, vous avez l'oppression et la corruption de toutes ces choses sacrées.

Avec la Royauté, vous aurez la paix sociale par le dévouement paternel et tendre du Roi et du gouvernement royal aux intérêts populaires. Avec la République, vous avez la guerre sociale par la surexcitation détestable des passions d'en bas, et par la proscription de la charité chrétienne, seule force capable de rapprocher ceux que l'égoïsme des intérêts divise.

Avec la Royauté, vous aurez la paix religieuse et Dieu. Avec la République, vous avez la persécution religieuse et l'athéisme.

AMÉDÉE DE MARGERIE,
Doyen de la Faculté catholique des lettres de Lille.

Imp. de la Soc. de Typ. - J. MERSCH, 8, r. Campagne-Première. Paris.